VERSOS EN MI VIDA

VERSES OF MY LIFE

MARTA FERNÁNDEZ
(Conocida en Cuba como Martica Díaz)
(Known in Cuba as Martica Díaz)

ANTOLOGÍA POÉTICA BILINGÜE
A BILINGUAL POETIC ANTHOLOGY

Versos en Mi Vida / Verses of My Life – Marta Fernández

Versos en Mi Vida / Verses of My Life – Marta Fernández

LumaKa Publishing
EBOOKS · PRINT · AUDIOBOOKS

Copyright © 2026 LumaKa Publishing

All rights reserved.

No part of this book may be reproduced or transmitted in any form or by any means, electronic or mechanical, including photocopying, recording, or by any information storage and retrieval system, without prior written permission of the author.

This is a **bilingual edition** compiled and edited by José Luis Fernández and Luis Alberto Fernández. English translations appear opposite the original Spanish writings.

Versos en Mi Vida / Verses of My Life – Marta Fernández

DEDICATORIA Y AGRADECIMIENTO

A mis padres, que desde muy pequeña me dejaron seguir el camino de la poesía.

DEDICATION AND ACKNOWLEDGMENT

To my parents, who from a very young age allowed me to follow the path of poetry.

Versos en Mi Vida / Verses of My Life – Marta Fernández

Versos en Mi Vida / Verses of My Life – Marta Fernández

INSPIRACIÓN

Es como una fiebre
y siento que vive en mí
y siento que me domina.

Quiero ser fuerte y poder
apartarla de mi ser.

Como un delirio tenaz
y sólo siento reposo
cuando mi pluma veloz
sobre el papel gira y gira
con armonioso vaivén.

POESÍA

Alma que susurra,
suspiros,
voces y desgarros.

Formas infinitas,
sonrisas,
remanso de calma.

INSPIRATION

It is like a fever,
and I feel it living within me,
and I feel it taking hold of me.

I want to be strong and able
to set it aside from my being.

Like a stubborn delirium,
and I find rest only
when my swift pen
circles and dances on the page
in a harmonious sway.

POETRY

A soul that whispers,
sighs,
voices and wounds.

Infinite forms,
smiles,
a refuge of calm.

Versos en Mi Vida / Verses of My Life – Marta Fernández

ÍNDICE	TABLE OF CONTENTS
Recuerdos Poéticos de un Viaje Por el Caribe	Poetic Memories of a Journey Through the Caribbean
¿Dónde Estás?	Where Are You?
Voces de Mi Corazón a Mi Paso Por Andalucía	Voices of My Heart on My Journey Through Andalusia
Familia	Family
Emociones y Sentimientos	Emotions and Feelings
Naturaleza	Nature
Románticas	Romantic Poems

Versos en Mi Vida / Verses of My Life – Marta Fernández

RECUERDOS POÉTICOS DE UN VIAJE POR EL CARIBE

POETIC MEMORIES OF A JOURNEY THROUGH THE CARIBBEAN

CARIBE	**CARIBBEAN**
Azul inmenso de agua,	Immense blue of water,
ondulante murmullo de olas	undulating murmur of waves,
majestuoso cielo	majestic sky
atravesado de sol	pierced by sun,
calor burbujeante	bubbling heat
con olor a ron.	scented with rum.
¡Qué gusto das, Caribe,	How you taste, Caribbean,
a sal, azúcar y miel!	of salt, sugar, and honey!
Salpicado estás de islas,	You are splashed with islands,
centinelas de tu brisa,	sentinels of your breeze,
como celosa muralla	like a jealous wall
que del océano te ampara.	shielding you from the ocean.
Tus islas, color de risa,	Your islands, laughter-colored,
tus islas, olor a coco,	your islands, coconut-scented,
que bailan entre palmeras	dancing among palms
cadencias de mar y fuego	cadences of sea and fire,
como sollozos y ruegos	like sobs and supplications.

Versos en Mi Vida / Verses of My Life – Marta Fernández

¡Qué callado llegas	How quietly you arrive,
qué ruidoso entras,	how loudly you enter,
Caribe, qué adentro	Caribbean—how deeply
te siento ya!	I feel you within me now!

Versos en Mi Vida / Verses of My Life – Marta Fernández

CARACAS

Majestuosas montañas

que al cielo llegan

barnizadas de niebla

y de colores, que hablan

de llanto y miseria.

Imponente costa venezolana

que fiera te alzas

frente al Caribe,

déjame que te mire

que mis ojos se inunden

de tu jungla,

y sorprendida descubra

el tesoro que guardas

más allá de tus cumbres.

Caracas trepidante,

ciudad de mil contrastes,

moderna y elegante.

CARACAS

Majestic mountains

reaching the sky,

varnished with mist

and colors that speak

of tears and misery.

Imposing Venezuelan coast,

fierce as you rise

before the Caribbean,

let me gaze upon you,

let my eyes be flooded

by your jungle,

and let me discover in awe

the treasure you guard

beyond your peaks.

Throbbing Caracas,

city of a thousand contrasts,

modern and elegant,

antigua y heroica,	ancient and heroic,
valiente y estoica.	brave and stoic.
Limpia tus montañas,	Clean your mountains,
hermosa Caracas,	beautiful Caracas,
riega tu oro negro	let your black gold flow
entre el pueblo pobre.	among the poor.
Levanta aún más torres	Raise still higher towers
que hablen de tu gloria.	that speak of your glory.

GRENADA

Orgullosa y blanca,

callada y altiva

silenciosa y dormida

te alzas, Granada,

en la lejanía.

Casas blancas,

techos rojos,

cuerpos negros,

negros ojos.

Granada se acerca,

serpiente ondulante,

telas de vivos colores,

canela ambulante,

fragancia de olores

y voces insinuantes.

GRENADA

Proud and white,

quiet and haughty,

silent and sleeping,

you rise, Grenada,

in the distance.

White houses,

red roofs,

black bodies,

black eyes.

Grenada draws near,

an undulating serpent,

cloth in vivid colors,

cinnamon on the move,

fragrant with aromas

and insinuating voices.

BARBADOS	**BARBADOS**
Del arco de isla	From the island's arc
te escapas, Barbados	you slip away, Barbados,
con azúcar en tu risa	sugar in your laughter
y calipso en tu costado.	and calypso at your side.
Calipso,	Calypso—
negra música	black music,
negro hechizo	black spell,
murmullo de cañas	murmur of cane,
susurro de palmas.	whisper of palms.
Indias de Occidente	West Indies
llenas de sol naciente,	filled with rising sun,
tambores de acero	steel drums
brillantes y relucientes,	bright and gleaming,
cuerpos negros	black bodies
con ritmo resplandeciente,	with radiant rhythm,
y playas embriagantes	and intoxicating beaches
de arenas deslumbrantes.	of dazzling sands.

SANTA LUCIA

Ayer altiva,

hoy apagada,

Santa Lucía

que ríe lava.

Abrupta y escarpada,

tu brisa sin prisa,

lenguaje de azufre,

habla de cenizas

y de volcanes,

de negros

que sufren

y amplios platanales.

Santa Lucía

con tus altos picos,

solitarios guardianes

de tus volcanes…

SAINT LUCIA

Yesterday proud,

today subdued,

Saint Lucia

who smiles lava.

Abrupt and jagged,

your unhurried breeze,

a language of sulfur,

speaks of ashes

and of volcanoes,

of Black people

who suffer,

and wide plantain groves.

Saint Lucia,

with your lofty peaks,

solitary guardians

of your volcanoes…

Versos en Mi Vida / Verses of My Life – Marta Fernández

ISLAS VÍRGENES	**VIRGIN ISLANDS**

Entrelazado de islas

montón de agua y espuma…

Inmaculada blancura

laberinto de playas,

lenguaje de frescura.

Canción de coco y de ron,

de plátano y de limón.

Valles cubiertos de sol,

colinas que hablan de amor.

An interlacing of islands,

a heap of water and foam…

Immaculate whiteness,

a labyrinth of beaches,

a language of freshness.

A song of coconut and rum,

of plantain and lemon.

Valleys covered in sun,

hills that speak of love.

Versos en Mi Vida / Verses of My Life – Marta Fernández

SAN JUAN	**SAN JUAN**
San Juan…	San Juan…
¡Cómo has crecido	How you have grown,
viejo puerto de mar!	old seaport!
Mis ojos sorprendidos	My astonished eyes
no se cansan de mirar	never tire of watching
tu auge constructivo	your building boom
y tu porte señorial.	and your lordly bearing.
Ante mí con gesto altivo	Before me, with lofty poise,
te revelas sin igual.	you reveal yourself unmatched.
¡San Juan…	San Juan—
mezcla de dos mundos!	a blend of two worlds!
¡Esmeralda Española	A Spanish emerald
con aires de yanqui,	with a Yankee air,
sin dejar de ser Borinquen	yet never ceasing to be Borinquen
allá en lo profundo!	deep down within.

¿DÓNDE ESTÁS?   WHERE ARE YOU?

Versos en Mi Vida / Verses of My Life – Marta Fernández

| **¿DÓNDE ESTÁS?** | **WHERE ARE YOU?** |

Isla de verde y azul,

isla de cielo y de mar

isla de tierra y de sol,

¡Cuba, llena de palmas y son,

de caña, azúcar y ron!

Isla de risas y amor,

de tabaco, café y bongó.

¿Dónde estás, Cuba,

ahogada en tu dolor?

Isla de glorias lejanas

bañada hoy en traición.

Isla que reñó ser libre,

reina de paz y justicia.

Cuba rota en mil pedazos,

¡sollozante, muda y triste!

Island of green and blue,

island of sky and sea,

island of earth and sun—

Cuba, full of palms and son,

of cane, sugar, and rum!

Island of laughter and love,

of tobacco, coffee, and bongo drums.

Where are you, Cuba,

drowned in your pain?

Island of distant glories,

today bathed in betrayal.

Island that fought to be free,

queen of peace and justice.

Cuba shattered into a thousand pieces,

sobbing, mute, and sorrowful!

Versos en Mi Vida / Verses of My Life – Marta Fernández

¿Dónde está	Where is
tu sabor dulce?	your sweet flavor?
¿Dónde está	Where is
tu olor a miel?	your scent of honey?
¿Dónde está, Cuba,	Where is, Cuba,
tu bandera tricolor?	your tricolor flag?

Versos en Mi Vida / Verses of My Life — Marta Fernández

CUBA

¡Yo nací

en una tierra de azúcar, café y ron!

¡Yo nací

en una tierra de tambores, bongós y son!

¡Yo nací

en una tierra de sueños, esperanzas y amor!

¡Yo nací

en una tierra que llora

porque perdió su libertad!

Sentada junto a mi ventana,

(Miami Beach, mirando hacia el Sur lejano)

Enero 26, 2013

CUBA

I was born

in a land of sugar, coffee, and rum!

I was born

in a land of drums, bongos, and son!

I was born

in a land of dreams, hopes, and love!

I was born

in a land that weeps

because it lost its freedom!

Seated beside my window,

(Miami Beach, gazing toward the distant South)

January 26, 2013

Versos en Mi Vida / Verses of My Life – Marta Fernández

MI ISLA	**MY ISLAND**

Te adivino callada

en las nubes que pasan.

Te adivino entre brumas

salpicadas de espuma.

Te adivino sin verte

envuelta en mi mente,

silenciosa y callada,

triste, pero nunca olvidada.

¡Mi Cuba!

I sense you silent

in the passing clouds.

I sense you amid mists

sprinkled with foam.

I sense you without seeing you,

wrapped within my mind,

silent and still,

sad, yet never forgotten.

My Cuba!

VOCES DE MI CORAZÓN A MI PASO POR ANDALUCÍA

Primavera, 1976

VOICES OF MY HEART ON MY JOURNEY THROUGH ANDALUSIA

Spring, 1976

¡ANDALUCÍA!

¡Andalucía!
Paraíso de mis sueños…

Tierra que me llama,
tierra que me habla
en la lejanía.

Tierra de embeleso,
suspiros flamencos,
concierto de flores,
encaje de balcones.

ANDALUSIA!

Andalusia!
Paradise of my dreams…

Land that calls to me,
land that speaks to me
from afar.

Land of enchantment,
flamenco sighs,
a concert of flowers,
lacework balconies.

Versos en Mi Vida / Verses of My Life — Marta Fernández

ALDEAS / VILLAGES

Como copos de nieve,	Like flakes of snow,
balbuceantes,	murmuring,
sobre el verde,	upon the green,
así trepan las sierras	so the villages of Spain
las aldeas de España.	climb the mountains.
¡Aldeas de España!	Villages of Spain!
¡Cómo baila el sol	How the sun dances
de tus paredes blancas!	upon your whitewashed walls!

MÁLAGA

¡Málaga...

reina de playas!

Alegría andaluza

bañada de azul.

MÁLAGA

Málaga—

queen of beaches!

Andalusian joy

bathed in blue.

MIJAS

Por un camino empinado

entre naranjos y limoneros,

dejando a Málaga lejos

como un parche de nieve

colgando entre nubes,

por calles que suben,

blanca de mármol,

blanca de sol,

aparece Mijas

todo corazón…

MIJAS

Along a steep road

between orange and lemon trees,

leaving Málaga behind

like a patch of snow

hanging among clouds,

through climbing streets,

white with marble,

white with sun,

Mijas appears—

all heart…

JEREZ	**JEREZ**
Entre un mar de vino	Amid a sea of wine
cuajado de uvas,	thick with grapes,
bajo un cielo de espuma	beneath a foamy sky
bordado de olivos,	embroidered with olive trees,
escondiendo sus viñas,	hiding its vineyards,
embriagada y sin prisa,	intoxicated and unhurried,
encontré a Jerez.	I found Jerez.

SEVILLA

¡Sevilla…!

Fuente de luces,

alegría que trepa…

¡Flor de maravilla!

SEVILLE

Seville…!

A fountain of light,

joy that climbs…

A wondrous flower!

CÓRDOBA

¡Córdoba…

Romana y mora,

española y gitana,

histórica y romántica,

torera y placentera,

así te reflejas

en las quietas aguas,

al cruzar el puente

del Guadalquivir!

CÓRDOBA

Córdoba—

Roman and Moorish,

Spanish and gypsy,

historic and romantic,

bullfighting and serene,

thus you reflect yourself

in the still waters

when crossing the bridge

of the Guadalquivir.

GRANADA

A la sombra

de picos nevados,

entre flores

y surtidores,

se extiende como una joya

Granada

gitana y mora.

GRANADA

In the shadow

of snowcapped peaks,

amid flowers

and fountains,

Granada spreads like a jewel—

gypsy and Moorish.

FLAMENCO

Gracia que se vuelve fuego,

música que se hace ruego,

guitarra que se desgarra,

cante que llega al alma.

Flamenco

Pandereta al viento,

taconeo de corazones

que llega como un lamento

entre suspiros y dolores…

¡Flamenco!…

FLAMENCO

Grace that turns to fire,

music that becomes a plea,

a guitar that tears itself open,

song that reaches the soul.

Flamenco

Tambourine in the wind,

heels pounding like hearts

that arrive as a lament

between sighs and sorrows…

Flamenco!

FAMILIA

FAMILY

Versos en Mi Vida / Verses of My Life – Marta Fernández

MADRE EN EL CIELO	**MOTHER IN HEAVEN**
Hoy me siento dichosa	Today I feel blessed,
pues mi madre está conmigo	for my mother is with me,
perfumando mi camino	perfuming my path
como si fuese una rosa,	like a rose,
pero también a la madre	but to the holy and gentle mother
santa y buena que se fue	who has gone before,
quiero un beso enviarle	I also wish to send a kiss
allá al cielo donde está.	there in heaven where she dwells.

ABUELITA EN EL CIELO

Tuve yo una madre grande

una abuelita muy buena

que desde el cielo contempla

a las hijas de la hija buena

que con cariño y amor

nos enseñó de pequeñas

a adorar la memoria

de la madre que se fue.

Mayo, 1955

GRANDMOTHER IN HEAVEN

I had a great mother,

a very loving grandmother,

who from heaven watches over

the daughters of her good daughter,

who with tenderness and love

taught us from childhood

to cherish the memory

of the mother who passed on.

May, 1955

MADRE	**MOTHER**
Mujer que ríe y solloza…	Woman who laughs and weeps…
Mujer que ama y padece…	Woman who loves and suffers…
Mujer que vive y perece…	Woman who lives and fades…
¡Dolor y amor hechos mujer… la Madre!	Pain and love made woman— the Mother!
Ser madre es dar y no esperar.	To be a mother is to give and not expect.
Ser madre es sembrar y no recoger.	To be a mother is to sow and not harvest.

Ser madre es olvidar	To be a mother is to forget
y no recordar.	and not remember.
Ser madre es saber	To be a mother is to know
y estar dispuesta a aprender.	and to be willing to learn.

PADRE

Dicen que te has ido,

pero yo sola sé

que junto a mí estás.

Sombra inefable

de mi padre,

no te apartes de mí.

FATHER

They say you have gone,

but only I know

that you are beside me.

Ineffable shadow

of my father,

do not leave me.

Versos en Mi Vida / Verses of My Life – Marta Fernández

BEBE	**BABY**

Mi niño quiere jugar,

correr y saltar.

¿Cuándo, mi vida,

vas a llegar?

My little one wants to play,

run and leap.

When, my life,

will you arrive?

Aunque hoy llegues

y ya no estés más en mí,

dentro de mi corazón,

tesoro,

ya por siempre estarás.

Even if you come today

and are no longer within me,

inside my heart,

treasure,

you will be forever.

Versos en Mi Vida / Verses of My Life — Marta Fernández

DÍA DE LOS PADRES	**FATHER'S DAY**

¡Benditas / Blessed

las horas felices! / those happy hours!

¡Bendito / Blessed

el momento fugaz! / the fleeting moment!

¡Bendito / Blessed

el soplo de amor / the breath of love

del que nació / from which

este hijo nuestro! / our son was born!

¿Recuerdas las noches / Do you remember the nights

en que con ternura / when, tenderly,

aprendiste a dormirlo / you learned to lull him to sleep

en tus brazos de cuna? / in your cradle arms?

¿Recuerdas sus crespos / Do you remember his curls,

sedosos y negros, / silky and black,

sus largas pestañas? / his long eyelashes?

¿Recuerdas los gratos / Do you remember the sweet

momentos felices	happy moments
en que de tu mano	when, holding your hand,
sus primeros pasos	he learned—triumphant—
aprendió triunfante?	his first steps?
¿Recuerdas las horas	Do you remember the hours
en que de paseo,	when out for a stroll,
alrededor de tu cuello	around your neck
sus muslos gordezuelos,	his chubby little thighs,
sus manitas en las tuyas,	his tiny hands in yours,
lo llevabas a caballo	you carried him like a rider
sobre tus hombros cansados?	on your tired shoulders?
¿Recuerdas como corría	Do you remember how he ran
cuando una fuente de agua	whenever a fountain of water
a lo lejos se veía?	was seen in the distance?
¡Cuánto ha crecido!	How he has grown!
¡Cuánto ha aprendido!	How he has learned!
Cuanto se te parece	How much he resembles you—
este hijo nuestro!	this son of ours!

Tu misma mente…	Your very mind…
y nobles sentimientos!	and noble feelings!
Bendita	Blessed
Comunión de amor	the communion of love
de la que nació	from which
este hijo nuestro!	our son was born!

Versos en Mi Vida / Verses of My Life – Marta Fernández

NIÑO

Veo a mi niño
en su cesta de paja
arropado y calentito
pequeño e indefenso.

Ángel de su guarda
cuida de mi niño
hoy y mañana,
el mañana es tan grande
y él es tan pequeño.

¿Cómo será tu vida,
mi pequeño sol?

Felicidad, riqueza
y gloria para ti.
La riqueza la hallarás
en el trabajo de cada día,
la gloria en ser siempre honesto

CHILD

I see my child
in his straw basket,
tucked in and warm,
small and defenseless.

Guardian angel,
watch over my child
today and tomorrow—
tomorrow is so vast,
and he is so small.

What will your life be,
my little sun?

Happiness, prosperity,
and glory for you.
Prosperity you will find
in the work of every day,
glory in always being honest,

y la felicidad en gozar de todo esto	and happiness in enjoying all this
en un hogar como el nuestro.	within a home like ours.

Versos en Mi Vida / Verses of My Life – Marta Fernández

CAMINANDO	**WALKING**

Uno, dos, tres…

¡Cataplum!

Mi niño queriendo andar.

Uno, dos, tres,

cuatro, cinco, seis…

¡Mi niño camina ya!

One, two, three…

Ker-plunk!

My little one trying to walk.

One, two, three,

four, five, six…

My little one is walking now!

Versos en Mi Vida / Verses of My Life — Marta Fernández

| **HIJO** | **SON** |

Hijo…

Ya sé que de mi mano

te quieres escapar.

Son…

I already know you want

to slip free from my hand.

Hijo…

Ya sé que tienes prisa,

que te han brotado alas

que con ansias

quieres probar.

Son…

I already know you're in a hurry,

that wings have sprouted,

and you long

to test them.

Hijo…

Ya sé que de mi lado

algún día

te vas a alejar.

Son…

I already know that one day

from my side

you will move away.

PERO HIJO	**BUT, SON**
Pero, hijo…	But, son…
no apresures el tiempo,	don't hurry time.
déjame que termine	Let me finish
de sembrar sentimientos,	sowing feelings.
déjame que termine	Let me finish
de arroparte en mi amor.	wrapping you in my love.
Y entonces…,	And then…
cuando mi rama	when my branch
ya no te sostenga,	no longer can hold you,
cuando caigas de ella	when you fall from it
como fruto maduro,	like ripened fruit,
corre entonces, corre,	then run—run,
prueba tus alas,	try your wings,
vuela por el mundo.	fly through the world.
Pero recuerda…	But remember…
que aunque yo aprenda	that even if I learn
a esconder lo que siento,	to hide what I feel,

Versos en Mi Vida / Verses of My Life – Marta Fernández

aunque aparezca	even if I appear
abatida por el tiempo…	worn down by time…
¡mis brazos siempre	my arms will always
estarán abiertos!	be open.

Versos en Mi Vida / Verses of My Life – Marta Fernández

HERMANA	**SISTER**
Como madre pequeñita	Like a little mother,
como abuela jovencita	like a young grandmother,
es mi hermana, mi Cuquita	my sister—my Cuquita—
polvorín y dinamita.	a powder keg and dynamite.
Laboriosa y atrevida	Hardworking and daring,
es graciosa por doquier	charming everywhere,
con su atisbo y su manía	with her hunch and her habit
de sentirse siempre mal.	of always feeling unwell.
La domina un geniecillo	A tiny spirit rules her,
picarón y travesero,	mischievous and impish,
pero siempre triunfa en ella	yet in her there always triumphs
su dulzura y su querer.	her sweetness and her love.

Febrero, 1954   *February, 1954*

ANIVERSARIO

Campanitas de alegría

se oyen muy dulces sonar

en las almas, que dichosas,

habitan en nuestro hogar.

Hoy es un día grandioso

pues mamá y papá celebran

sus bodas de celuloide.

Veinticuatro son los años

que llevan ellos unidos,

sacrificios y trabajo,

ventura y felicidad

que marcan toda una vida.

Dios bendiciendo su amor

dos hijas les otorgó,

y hoy nosotros a él pedimos,

que juntos toda la vida

ANNIVERSARY

Little bells of joy

are sweetly heard to ring

in the souls, who—happy—

dwell within our home.

Today is a splendid day,

for Mother and Father celebrate

their "celluloid" anniversary.

Twenty-four are the years

they have spent together,

sacrifice and work,

fortune and happiness

that mark an entire life.

God, blessing their love,

granted them two daughters,

and today we ask of Him

that together, all their lives,

por un sendero de paz,

caminen mamá y papá.

along a path of peace,

Mother and Father may walk.

ABUELA (Un Sol y una Rosa)

Me pides tú, abuelita,

que unos versos yo te escriba,

y yo que te quiero tanto,

comprendo que no es mi pluma

lo grande que ella debiera

para describir el reino

del que eres tú la primera

gran soberana de amor.

Pero, aunque humilde ella sea,

quiero decirte muy alto,

tan alto que todo el mundo

lo sepa para mi orgullo

que eres tú la más preciosa

de todas las abuelitas,

que eres un sol y una rosa.

Un sol, pues de ti la luz

GRANDMOTHER (A Sun and a Rose)

You ask me, dear Grandma,

to write you a few verses,

and I, who love you so,

understand that my pen

is not as great as it should be

to describe the realm

of which you are the first—

great sovereign of love.

Yet, humble though my pen may be,

I want to say it aloud,

so loudly that everyone

may know, to my pride,

that you are the most precious

of all grandmothers,

that you are a sun and a rose.

A sun, for from you light

a tus hijas alumbra,

llevándonos por el sendero

del bien y de la verdad.

Una rosa, pues la fragancia

de todas en ti está

perfumando nuestras vidas

con el aroma exquisito

de tu inigualable amor.

shines upon your daughters,

leading us along the path

of good and truth.

A rose, for in you the fragrance

of all roses lives,

perfuming our lives

with the exquisite aroma

of your incomparable love.

ABUELA (El Jardín)

Un jardín lleno de flores,

un palomar con palomas,

los rayos del sol bailando

entre las pequeñas nubes

y en un sillón cual un trono

está sentada una bella

rodeada de admiradores,

todos la miran y miran.

GRANDMOTHER (The Garden)

A garden full of flowers,

a dovecote with doves,

sunbeams dancing

among small clouds,

and in an armchair like a throne

sits a beautiful lady,

surrounded by admirers—

all of them gazing, gazing.

ESTRELLITA (Amiga)

En el cielo anchuroso
una Estrella pequeñita
caminaba sin cesar
curioseando la estrellita
lo que abajo en la Tierra
sucedía al irse el sol.

Tuvo noticias el rey
de la pícara traviesa
y muy enojado ordenó
que a la Tierra la enviaran
como castigo imperial.

Una tarde muy hermosa
la estrellita aquí cayó
y desde entonces la luz
no faltó en la Tierra ya,
pues un brillo sin igual
a todos iluminó.

ESTRELLITA (Friend)

In the wide-open sky
a little Star
walked without ceasing,
curious as can be,
watching what, down on Earth,
happened at sunset.

The king heard news
of the crafty little rascal,
and, very angry, ordered
that she be sent to Earth
as an imperial punishment.

One very beautiful afternoon
the little star fell here,
and since then light
has never been left the Earth,
for an unequaled glow
shown on everyone.

Versos en Mi Vida / Verses of My Life – Marta Fernández

Una linda personita
es ahora la estrellita
que traviesa como siempre
sus maldades hace aún.

Por no estar quieta nunca
comenzó desde chiquita
a querer volar muy alto,
pero un hada bendita
que en la Tierra a ella guía
la tocó con su varita
y los vuelos de la Estrella
convirtieronse en danza
que a todos maravillaba.

La estrellita ha crecido
es más juiciosa y tranquila
pero su cuerpo, ¡gitano!
sigue danzando al compás
de palillos y tambores

Now the little star
is a lovely little person
who, mischievous as ever,
still gets into trouble.

Never wanting to stay still,
she began from childhood
to want to fly very high,
but a blessed fairy
who guides her on Earth
tapped her with a wand,
and the Star's flights
turned into dance
that amazed everyone.

The little star has grown,
more sensible and calm,
but her body—gypsy!
keeps dancing to the beat
of castanets and drums,

de panderetas y gaitas

mientras sus pies muy ligeros

van bordando entrelazados

sueños de gloria y de amor.

of tambourines and bagpipes,

while her light feet

embroider, intertwined,

dreams of glory and love.

EMOCIONES Y SENTIMIENTOS	**EMOTIONS AND FEELINGS**

Versos en Mi Vida / Verses of My Life – Marta Fernández

LA VEJEZ	**OLD AGE**

¡Qué maravilla!

¡Llegar a ella!

¡Recordar los años vividos!

¡Momentos tristes!

¡Momentos buenos!

Y sin temor a la muerte

estar dispuesto a llegar

al momento final

dando gracias a Dios por todo…

What a wonder!

To reach it!

To remember the years lived!

Sad moments!

Good moments!

And without fear of death,

to be ready to arrive

at the final moment,

giving thanks to God for everything…

AMBICIÓN

Poder abrumador,

ansias insaciables,

querer constante:

la ambición

El éxito espera arriba,

la ruina aguarda abajo.

Ambición sin sabiduría,

sólo lleva cuesta abajo.

AMBITION

Overwhelming power,

insatiable longing,

unceasing desire:

ambition.

Success waits above,

ruin lurks below.

Ambition without wisdom

leads only downhill.

ALEGRÍAS	**JOYS**
Alegría de vivir.	Joy of living.
ser…	To be…
simplemente ser.	simply to be.
Estar y sentir,	To exist and feel,
ver,	to see,
amar y sufrir.	to love and suffer.
Estar cada día	To be each day,
ser… ser…	to be… to be…
y no perecer.	and not perish.

SOLLOZOS

Está mi lira dormida,

no oigo sus cuerdas vibrar,

solo un suave suspirar

se escucha de ella brotar.

Están sus cuerdas muy quietas,

es que temen que al sonar

sean sollozos ardientes

los que se oigan vibrar.

Abril, 1955

SOBS

My lyre lies sleeping,

I hear no strings resound,

only a gentle sigh

is heard rising from it.

Its strings remain still,

for they fear that if they sound,

burning sobs

will be what is heard.

April, 1955

Versos en Mi Vida / Verses of My Life — Marta Fernández

¡AY, CUÁNTO ME DUELE!	**OH, HOW IT HURTS!**

¡Ay, que me duele aquí!

¡Ay, que me duele allá!

¿Qué es lo que tengo?

¡Dios mío! ¿Qué será?

Empieza la mañana

y mi cuerpo no puede ya.

¡Que si me duele aquí,

que si me duele allá!

¡Ay, cómo pasan los años

cargados de recuerdos,

unos tristes y otros gratos!

¡Qué importan los dolores!

¡Bienvenido cada día!

¡Disfrutemos de la vida!

Oh, it hurts here!

Oh, it hurts there!

What is wrong with me?

My God! What can it be?

Morning begins

and my body can no longer cope.

It hurts here,

it hurts there!

Oh, how the years pass,

laden with memories,

some sad and others sweet!

What do pains matter?

Welcome each day!

Let us enjoy life!

VIDA

¡Qué cortas las horas

qué breves los días!

Como nubes aprisa

así pasa la vida.

¡Qué ansias infinitas

de sujetar el tiempo!

¡Qué ganas escondidas

de alargar los momentos!

Detente, vida,

no huyas,

no te alejes así.

No corras presurosa,

quédate junto a mí.

LIFE

How short the hours,

how brief the days!

Like hurried clouds,

so life goes by.

What endless longing

to hold back time!

What hidden desire

to stretch the moments!

Stop, life,

do not flee,

do not drift away.

Do not run so fast—

stay here with me.

VIVIR... VIVIR... VIVIR

Hemos llegado
a la vuelta del camino.
No más lucha,
No más afán
por obtener más.
Alegría de vivir
ser...
simplemente ser.
Estar y sentir
ver...
amar y sufrir
Estar cada día
ser... ser...
y no perecer.
Caminar despacio
sin prisa por llegar
y vivir... vivir... vivir...

TO LIVE... TO LIVE... TO LIVE

We have arrived
at the bend in the road.
No more struggle,
no more striving
to obtain more.
Joy of living—
to be...
simply to be.
To exist and feel,
to see...
to love and suffer.
To be each day,
to be... to be...
and not perish.
To walk slowly,
with no haste to arrive,
and to live... live... live...

Versos en Mi Vida / Verses of My Life – Marta Fernández

CHICAGO

Chicago,

cielo salpicado de torres,

calles bordeadas de árboles.

Chicago,

muchos te imaginan gris

porque no han visto

el turquesa de tu lago

ni el oro de tu maíz.

Chicago,

nieve en invierno,

lluvia en verano

y vientos todo el año

Chicago,

mosaico verde y azul

de gentes de todo el mundo.

CHICAGO

Chicago,

a sky speckled with towers,

streets bordered by trees.

Chicago,

many imagine you gray

because they have not seen

the turquoise of your lake

nor the gold of your corn.

Chicago,

snow in winter,

rain in summer,

and winds all year.

Chicago,

a green-and-blue mosaic

of people from all over the world.

DESEOS	**DESIRES**
Quisiera ser nueva,	I wish to be new,
distinta,	different,
morir hoy	to die today
y renacer mañana.	and be reborn tomorrow.
Quisiera ser todo	I wish to be everything
y más…	and more…
quisiera ser mucho	I wish to be much,
y dejar de ser nada.	and cease to be nothing.

ANHELOS

Tengo un montón

de hojas secas

en mi hombro.

Como espinas,

como agravios,

como fruto

del paso de los años

Quiero olvidarme

de las calles grises.

Sumergirme

en voces felices

Olvidarme

de las hojas secas.

LONGINGS

I carry a pile

of dry leaves

on my shoulder.

Like thorns,

like affronts,

like the fruit

of passing years.

I want to forget

the gray streets.

To plunge

into happy voices.

To forget

the dry leaves.

Versos en Mi Vida / Verses of My Life — Marta Fernández

DESESPERO	**DESPAIR**
Le hablo calladamente,	I speak to it softly,
lo animo alegremente.	I encourage it cheerfully.
Lo empujo con presura,	I push it with urgency,
lo cautivo con dulzura.	I win it over with tenderness.
Le explico mis razones,	I explain my reasons,
lo incluyo en mis oraciones.	I include it in my prayers.
Lo arrastro en mi desespero	I drag it in my despair
y no quiere responder.	and it will not answer.
¡Mi cuerpo!	My body!

Versos en Mi Vida / Verses of My Life — Marta Fernández

SOMBRAS	**SHADOWS**
Yo soy un alma dormida	I am a sleeping soul
que entre las sombras	who among the shadows
gimiendo llora.	weeps, groaning.
Vagabunda perdida	A wandering vagabond,
en el mar de la vida.	lost in the sea of life.
Tropel de dudas	A throng of doubts
avanza por doquier	advances everywhere
como triste velero	like a sorrowful sailboat
sin timonel.	without a helmsman.
Ya no existen deseos	Desires no longer exist,
ya no existe el querer,	the will no longer exists;
entre nubes de olvido	among clouds of forgetting
se va perdiendo mi ser.	my being is slipping away.
Sueño que estoy dormida	I dream that I am asleep
y pienso que estoy soñando,	and think that I am dreaming—
arrebatos fulgurantes	flashing raptures

Versos en Mi Vida / Verses of My Life – Marta Fernández

de un brillante amanecer.	of a brilliant dawn.
Cuando entre sedas y encajes	When, among silks and lace,
despierto de mi morir	I wake from my dying,
quiero seguir soñando	I want to keep dreaming
y no volver a vivir.	and not return to living.

RUTINA	**ROUTINE**
Canción de cada día,	Song of every day,
nada nuevo,	nothing new,
nada extraño,	nothing strange,
lo mismo hoy,	the same today
al igual que ayer,	as yesterday,
y tal vez mañana.	and perhaps tomorrow.
Pereza de pensar,	Laziness of thought,
temor a lo distinto,	fear of what is different,
calle sin sorpresas	a street with no surprises
con un mismo destino.	and a single destination.
Nube envuelta en siempre	A cloud wrapped in always,
sin hilos renacientes.	with no threads of renewal.

SOLEDAD	**SOLITUDE**
Volverse	To turn around
y no encontrar nada.	and find nothing.
Hablar	To speak
sin respuesta.	without an answer.
Buscar y esperar	To search and to wait.

INDIFERENCIA	INDIFFERENCE
Oír sin escuchar	To hear without listening,
mirar sin ver,	to look without seeing,
tocar sin sentir.	to touch without feeling.
Vacío de sentimientos,	An emptiness of emotion,
muralla de hielo,	a wall of ice,
vivir por vivir,	living just to live,
sin pensar ni amar.	without thinking or loving.

Versos en Mi Vida / Verses of My Life – Marta Fernández

TORRENTE

Besos vacíos…

Alma en espera

de algo que no llega

Volcán que se escapa

torrente que se derrama,

sed que no se aplaca:

mi ser.

TORRENT

Empty kisses…

A soul waiting

for something that does not come.

A volcano breaking free,

a torrent spilling over,

a thirst that will not be quenched:

my being.

SOÑANDO

Llevo hace tiempo mi alma

prendida de una ilusión

que floreció en mis sueños

quimera del corazón.

No quiero que se desprenda

mi alma entre desengaños.

quiero seguir amando,

soñar y no despertar.

Es tan hermoso mi sueño

que temo que se quiebre

y tengo miedo de que el viento

me haga perecer.

Es tan tierno y tan dulce

vivir amando y queriendo

que me olvido de la muerte,

y siendo viviendo en sueños

DREAMING

For a long time I have carried my soul

fastened to an illusion

that bloomed in my dreams—

a chimera of the heart.

I do not want my soul

to come loose amid disillusion.

I want to keep loving,

to dream and not awaken.

My dream is so beautiful

that I fear it will break,

and I am afraid the wind

will make me perish.

So tender and so sweet

is living while loving and wanting,

that I forget death;

Versos en Mi Vida / Verses of My Life – Marta Fernández

para arrancarle a la vida

la ilusión que ella anida

en sus pliegues de dolor.

Mayo, 1955

and, living in dreams,

I would wrest from life

the illusion it shelters

within its folds of pain.

May, 1955

Versos en Mi Vida / Verses of My Life – Marta Fernández

TRISTEZAS	**SORROWS**
Quisiera mirarte	I wish I could look at you
y verte como antaño,	and see you as before;
quisiera amarte	I wish I could love you
como hace años.	as years ago.
Juntos y tan sola,	Together—and so alone,
muy cerca…	so near…
¡y tan distante!	and so distant!
Triste compañía	A sad companion,
la soledad	the solitude
entre dos.	between two.
Soñé que te vi ayer,	I dreamed I saw you yesterday,
que me miraste	that you looked at me
y hablamos,	and we spoke,
y te alejaste	and you walked away
sin que mis manos	before my hands
te hablaran de mi querer.	could tell you of my longing.

Versos en Mi Vida / Verses of My Life – Marta Fernández

| **PALABRAS** | **WORDS** |

Volver, regresar,
palabras, solo palabras
que no me atrevo a pensar.

Huecas de sentimientos,
vacías de pensamiento,
por años muertas y ajenas.

Palabras, solo palabras,
que nunca llegaré a usar.

To return, to come back—
words, only words
I do not dare to think.

Hollow of feeling,
empty of thought,
dead and foreign for years.

Words, only words,
that I will never come to use.

NATURALEZA   **NATURE**

LLUVIA

Como encaje de aguas
cae la lluvia…

La lluvia de Abril y Mayo,
pincel manchado de verde,
de retoños y capullos,
fuente de nuevas ramas,
concierto de tulipanes.

Fresco verdor
de la lluvia buena
que habla de flor
y de vida nueva.

RAIN

Like water lace
the rain falls…

The rain of April and May,
a brush stained green,
with shoots and buds,
a source of new branches,
a concert of tulips.

Fresh greenness
of gentle rain
that speaks of flowers
and of new life.

Versos en Mi Vida / Verses of My Life – Marta Fernández

EL MAR ## **THE SEA**

El mar allí cerca,

con paso ligero

hacia él me acerco.

La arena es muy fina,

tan fina y tan suave

que en mis pies no siento

su caricia ardiente.

A la orilla llego

y toco las aguas.

Las olas muy grandes

canciones entonan

de allende el mar,

un nombre a coro

oigo yo cantar.

¿Será mi ilusión

o su nombre es

The sea, so near,

with a light step

I move toward it.

The sand is very fine,

so fine and so soft

that my feet do not feel

its burning caress.

I reach the shore

and touch the waters.

The great waves

sing songs

from beyond the sea;

a name in chorus

I hear them sing.

Is it my illusion,

or is it his name

Versos en Mi Vida / Verses of My Life – Marta Fernández

el que en mi alma siento	that in my soul
yo repiquetear?	I hear resounding?

Por el horizonte,	On the horizon,
pequeñitas nubes	tiny clouds,
que muy juntas pintan	close together,
su rostro amado	sketch his beloved face
van igualmente escribiendo:	and write as well:
—¡Insensata, loca!,	—Foolish, mad woman!
¿Qué esperas ilusa	What are you waiting for,
que no corres ya?	why don't you run now?
¿No ves que lo tienes	Can't you see
muy cerca de ti?—	he is so close to you?—

Y alegre y feliz,	And joyful and happy,
tras mi amor soñado	after my dreamed love,
en la inmensa mar	into the immense sea
yo me sumergí.	I plunged.

LA PLAYA

En las aguas claras

de la quieta playa,

vi el triste fulgor,

la palidez fría

de la luna nieva.

El misterio y encanto

de sus rayos de plata,

la fragancia y embrujo

de su música grata

en mi alma vibraron

como cuerda de arpa.

Mayo, 1955

THE BEACH

In the clear waters

of the still beach,

I saw the sad gleam,

the cold pallor

of the snowing moon.

The mystery and charm

of its silver rays,

the fragrance and spell

of its gentle music

vibrated in my soul

like a harp string.

May, 1955

VERANO	**SUMMER**
Tendida en la arena	Stretched upon the sand,
dejo que el sol me acaricie.	I let the sun caress me.
Deseosa de su calor	Yearning for its warmth,
me entrego confiada	I surrender trustingly,
y una pátina dorada	and a golden patina
cubre mi carne sedienta	covers my thirsty flesh
como loción de aguardiente,	like a spirit lotion;
y la piel se torna prieta,	the skin grows taut,
llena del sol caliente,	filled with burning sun,
plena de olor a verano.	full of summer's scent.

INVIERNO	**WINTER**
Frío blanco	White cold
que todo lo cubre.	that covers everything.
Blanca nieve	White snow
que todo lo envuelve.	that wraps all things.
Cielo de plomo,	Sky of lead,
¿dónde está tu azul?	where is your blue?
Desnudos y temblorosos,	Bare and trembling,
los árboles,	the trees
secas ramas sólo son	are only dry branches,
añorando verdes hojas,	longing for green leaves,
retoños de primavera,	spring shoots,
fruto lozano,	ripe fruit,
cálido sol.	warm sun.
Silenciosas horas,	Silent hours,
las horas de invierno	winter hours,

Versos en Mi Vida / Verses of My Life — Marta Fernández

en la triste y callada	in the sad and hushed
blancura de Enero	whiteness of January,
como novia abandonada,	like an abandoned bride,
fría y desolada.	cold and desolate.

ROMÁNTICAS **ROMANTIC POEMS**

TRES AMORES	**THREE LOVES**
Tres amores en mi vida	Three loves in my life
ocupan trono imperial:	occupy an imperial throne:
mi madre, mi Dios y el arte	my mother, my God, and art,
formando un as triunfal.	forming a triumphant ace.
Dichosa soy y no puedo	I am blessed and cannot
lamentar de mi destino.	lament my destiny.
¡Gloria al cielo y a la tierra	Glory to heaven and to earth
que dichas a mí me otorgan!	for the joy they grant me!
Febrero, 1955	*February, 1955*

<table>
<tr><td>

LOCURA

</td><td>

MADNESS

</td></tr>
<tr><td>

Así te aprietan mis ojos,

así te oyen mis labios,

así te huele mi alma,

así te miran mis manos.

Confusión de los sentidos,

arrebato de mi ser,

lucha que se vuelve calma,

paz que lleva al desatino.

Locura de quererte

envuelta en mi carne,

sosiego de tenerte

y para siempre amarte.

</td><td>

So my eyes press upon you,

so my lips hear you,

so my soul scents you,

so my hands behold you.

Confusion of the senses,

rapture of my being,

struggle that turns to calm,

peace that leads to delirium.

Madness of loving you

wrapped in my flesh,

the calm of having you

and loving you forever.

</td></tr>
</table>

TÚ Y YO

Retazos de un pasado,

recuerdos del ayer,

nubes que pasan,

para no volver.

Así eras tú,

así era yo,

y hoy ya no somos más

ni tú ni yo.

Somos sólo un "nosotros",

hecho de "tú" y de "yo".

YOU AND I

Fragments of a past,

memories of yesterday,

clouds that pass

never to return.

So you were,

so I was,

and today we are no longer

you nor I.

We are only a "we,"

made of "you" and "me."

Versos en Mi Vida / Verses of My Life — Marta Fernández

VIDA VACÍA

¿Será mi alma tan loca

que rechacé aturdida

el amor que tú me brindas,

cálido, puro y sincero?

Aferrada a una ilusión

efímera como el viento,

¿he de pasar yo mi vida

sin sentir en realidad

toda la tierna dulzura

de un amor santificado?

Con mis sueños imposibles,

sola en triste soledad,

¿veré triste marchitarse

mi juventud y belleza

sin que adornen mi existencia

unas manos pequeñitas

y la risa inocente

EMPTY LIFE

Is my soul so mad

that, bewildered, I rejected

the love you offered me—

warm, pure, and sincere?

Clinging to an illusion

as fleeting as the wind,

must I spend my life

without truly feeling

all the tender sweetness

of a sanctified love?

With my impossible dreams,

alone in sorrowful solitude,

will I see my youth and beauty

sadly wither,

without my existence adorned

by tiny hands

and the innocent laughter

de un pequeño que en mi ser	of a little one who might
haya brotado bendito	blessedly spring from my being
para dar luz y alegría	to give light and joy
a mi vida, ahora vacía?	to my life, now empty?

Versos en Mi Vida / Verses of My Life – Marta Fernández

LUNA

Nunca, yo sé que nunca,

podré arrancar de mi vida

este amor que me domina.

Cuando yo miro la luna

quisiera ser como ella,

que a todos de amor embarga

y ella prosigue serena

sin sufrir esta tortura

que estremece toda mi alma

y la lleva a la locura.

MOON

Never—I know that never—

will I be able to tear from my life

this love that rules me.

When I look at the moon,

I wish I were like her,

who bathes all in love

and continues serene,

without suffering this torment

that shakes my entire soul

and drives it to madness.

Versos en Mi Vida / Verses of My Life – Marta Fernández

SIEMPRE

Pálida, temblorosa,

hasta mí llegó tu luz

cuando me miraste tú,

y yo, como una rosa

deshojada de dolor,

te entregué todo mi amor.

Mi alma aún palpita

cuando te nombran a ti,

aunque sé que tú de mí

no recuerdas ni la vida

que en un tiempo te ofrecí.

Cuando empezaba a olvidarte,

encendiendo mis recuerdos,

has vuelto a galantearme,

y comprendo que amarte

será siempre el gran secreto

que ocultaré muy adentro,

ALWAYS

Pale, trembling,

your light reached me

when you looked at me,

and I, like a rose

stripped by pain,

gave you all my love.

My soul still quivers

when they speak your name,

though I know you remember

not even the life

I once offered you.

When I was beginning to forget you,

rekindling my memories,

you returned to court me,

and I understand that loving you

will always be the great secret

en lo profundo del pecho.　　　I will hide deep within,

　　　　　　　　　　　　　　in the depths of my chest.

BESOS	**KISSES**
Frente al mar…	Before the sea…
frente al mar…	before the sea…
me besaste por vez primera,	you kissed me for the first time,
y hoy frente al mar…	and today before the sea…
frente al mar…	before the sea…
cincuenta y tres años después	fifty-three years later,
me besaste, me besaste	you kissed me—kissed me—
para que yo supiera	so that I would know
que aún sigo siendo la primera	that I am still the first,
la primera… la primera…	the first… the first…

COMPASIÓN	COMPASSION
Pensé que te quería,	I thought I loved you,
que aquello que sentía	that what I felt
el preludio sería	would be the prelude
de una gran pasión.	to a great passion.
Pensé que aprendería,	I thought I would learn,
que el amor nacería.	that love would be born.
No pensé que crecería	I never thought it would grow
vestido de compasión.	clothed in compassion.

Versos en Mi Vida / Verses of My Life — Marta Fernández

JUNTOS / TOGETHER

Juntos emprendimos el camino.	Together we set out on the path.
Otra vida surgió de nuestro amor.	Another life was born of our love.
Solos enfrentamos el destino,	Alone we faced destiny,
entrelazando alegrías y dolor.	interweaving joy and pain.
Laureles y espinas	Laurels and thorns
unidos conquistamos,	we conquered together;
inolvidables recuerdos	unforgettable memories
sufrimos y gozamos.	we suffered and enjoyed.
Y, aunque desterrados,	And, though exiled,
mi mano en tu mano	my hand in yours,
avanzamos sin miedo,	we moved forward without fear,
riendo y llorando,	laughing and crying,
trabajando y luchando,	working and striving,
agobiados y triunfantes.	burdened and triumphant.

Versos en Mi Vida / Verses of My Life — Marta Fernández

Felices y tristes momentos	Happy and sorrowful moments
enaltecieron nuestro paso,	ennobled our passage,
rompiendo barreras,	breaking barriers,
nadando en esfuerzos,	swimming through effort,
abriendo puertas.	opening doors.
Navegando continuamos sin prisa,	We continued navigating unhurried,
derrochando sueños,	lavishing dreams,
envejecidos y aún jóvenes,	aged yet still young,
zambullidos en nuestro amor.	immersed in our love.

Versos en Mi Vida / Verses of My Life – Marta Fernández

CUANDO YO ME VAYA

Cuando yo me vaya

¿qué te quedará?

Tal vez los pétalos

de mi inocencia.

Tal vez el halo

de mi presencia.

Cuando yo me vaya

¿qué te quedará?

Recordarás mis celos,

recordarás mi risa,

recordarás tus besos

a través de los encajes

de mi camisa.

Cuando yo me vaya

¿qué te quedará?

Los sueños vividos,

las esperanzas dormidas,

WHEN I AM GONE

When I am gone,

what will remain for you?

Perhaps the petals

of my innocence.

Perhaps the halo

of my presence.

When I am gone,

what will remain for you?

You will remember my jealousy,

you will remember my laughter,

you will remember your kisses

through the lace

of my blouse.

When I am gone,

what will remain for you?

The dreams lived,

los logros y los fracasos,

y el refugio infinito

del calor de mis brazos.

the hopes asleep,

achievements and failures,

and the infinite refuge

of the warmth of my arms.

Versos en Mi Vida / Verses of My Life – Marta Fernández

Biografía

Marta Fernández — conocida en Cuba como la entrañable actriz infantil Martica Díaz — inició su vida bajo los reflectores a los cinco años de edad. Formada en la Escuela de Arte Dramático del Centro Gallego de La Habana bajo la dirección del reconocido actor y director Joaquín Riera, recitaba poesía por toda la ciudad desde los siete años y pronto se convirtió en una voz y presencia habitual en radionovelas, televisión y cine transmitidos en toda América Latina. La prensa la apodó cariñosamente "la Shirley Temple cubana."

En 1960 eligió otro escenario: el de la superación académica. Obtuvo su doctorado en la Universidad de La Habana y comenzó una nueva etapa junto a su esposo, José Luis Fernández. En 1963, esperando su primer hijo, emigraron a los Estados Unidos y finalmente se establecieron en el área de Chicago, donde dedicaría las siguientes seis décadas a la educación, la familia y la cultura.

Como Dra. Marta Fernández, se convirtió en una profesora de español galardonada en Evanston Township High School y profundamente querida por sus estudiantes, inspirando a generaciones — muchos de los cuales siguieron sus pasos y también se dedicaron a la enseñanza.

A lo largo de su vida — de La Habana a Chicago — la poesía fue su fiel compañera. Escribió sobre Cuba, el exilio y la pertenencia, los viajes, la memoria, el amor y la familia.

Esta colección reúne versos escritos a lo largo de las décadas — la voz perdurable de una mujer cuya vida tendió puentes entre países, idiomas y generaciones.

Marta Fernández falleció el 1 de febrero de 2024, tras un valiente recorrido con la enfermedad de Alzheimer. Aunque la memoria se desvanezca, el lenguaje perdura. En estas páginas, su voz continúa viva.

Versos en Mi Vida / Verses of My Life – Marta Fernández

Biography

Marta Fernández — known in Cuba as the beloved child actress Martica Díaz — began her life in the spotlight at just five years old. Trained at Havana's School of Dramatic Arts under renowned director Joaquín Riera, she was reciting poetry across the city by age seven and soon became a familiar voice and face in radio dramas, television, and film throughout Latin America. Newspapers affectionately called her "the Cuban Shirley Temple."

In 1960, she chose a different stage — the pursuit of scholarship. She earned her doctorate at the University of Havana and began a new chapter alongside her husband, José Luis Fernández. In 1963, expecting their first child, they emigrated to the United States, eventually settling in the Chicago area, where she would spend the next six decades building a life devoted to education, family, and culture.

As Dr. Marta Fernández, she became a beloved professor and award-winning Spanish teacher at Evanston Township High School, inspiring generations of students. Many followed her example and became educators themselves.

Throughout her life — from Havana to Chicago — poetry remained her quiet companion. She wrote of Cuba, of exile and belonging, of travel, memory, love, and family.

This collection gathers verses written across the decades — the enduring voice of a woman whose life bridged countries, languages, and generations.

Marta Fernández passed away on February 1, 2024, after a courageous journey with Alzheimer's disease. Though memory may fade, language endures. In these pages, her voice lives on.

www.ingramcontent.com/pod-product-compliance
Lightning Source LLC
Chambersburg PA
CBHW022116090426
42743CB00008B/871